5 Dicas para diferenciar os seus serviços de CFTV da concorrência.

" *Afinal, qual é o seu diferencial?* ".

Ednilson Pedro

Introdução

Sabemos o quanto se faz necessário ter um diferencial para atrair novos clientes e diferenciar o nosso trabalho da concorrência.

Por isso vou dar a você 5 dicas que vão realmente influenciar diretamente no dia a dia do seu negócio, as dicas que apresentarei já são aplicadas por algumas empresas em todo Brasil, claro que cada empresa tem à sua maneira de aplica-las e recebemos diversos relatos dos inúmeros casos de sucesso.

Boa leitura e muito sucesso a você!

Configuração de Sistemas de CFTV

Muitas empresas e técnicos trabalham com configurações de sistemas de CFTV. Profissionais especializados no assunto e altamente capacitados não é tarefa fácil de se encontrar. Participei de um processo seletivo de uma grande empresa em São Paulo onde essa empresa buscava um perfil de funcionário com algumas características básicas e durante o processo seletivo e diariamente entrevistando os candidatos pude perceber o quanto estava difícil contratar o candidato que atendesse as necessidades da empresa.

As características básicas que o candidato tinha que ter era:
- Nível técnico na área de tecnologia.
- 2 anos no mínimo do idioma inglês ou estar cursando.
- Mínimo de 2 anos de experiência na função.
- Apresentar uma solução para um problema que a empresa estava enfrentando. (Era um teste)
- Ter algumas determinadas certificações em tecnologia, normas e etc.

Diversos candidatos apareceram no processo seletivo, mas nenhum preenchia todos os requisitos, sempre faltava uma coisa ou outra, particularmente candidatos muito bons e tenho certeza que iria agregar muito na empresa, mas como não preenchiam todos os requisitos não foram contratados. Então eu cheguei a uma conclusão:

" Depois de algumas semanas entrevistando eu sabia que este candidato com os requisitos mínimos não iria aparecer e a resposta é muito simples, este candidato já estava empregado,

um candidato com aqueles requisitos, qualidades e diferenciais que poucos tinham e que somados tornam um "valor" único não estaria desempregado a não ser para buscar algo melhor ou em outra área. "

Um dos candidatos foi contratado pela empresa, não preenchia todos os requisitos, mas a empresa oferecia capacitação e treinamentos internamente e acreditaram que poderiam aproveitar o candidato nestes treinamentos e digamos assim "melhorar" e aperfeiçoar alguns detalhes.

Usei esse relato para que você compreenda a importância do diferencial na sua vida, nos seus negócios, ou na sua empresa.

Quem trabalha ou pretende trabalhar com Sistemas de CFTV que é provavelmente o seu caso, deve ter um diferencial, costumo dizer e você vai concordar comigo "instalador de câmeras" têm em qualquer esquina, e com "preço" para todos os bolsos.

Mas Profissional qualificado e com diferenciais que possuem "VALOR" e não preço existem poucos e esses poucos estão "EMPREGADOS" como mencionei acima.

A configuração de sistemas de CFTV é algo relativamente simples para quem é preparado e capacitado. Quando uma empresa ou cliente decide colocar um sistema de câmeras na sua empresa/residência o principal objetivo é inibir e minimizar "problemas" de furtos, roubos, invasões e etc., mas os sistemas de CFTV estão cada vez mais modernos e cheio de recursos que quando bem configurados permitem um gerenciamento completo, o cliente tem total controle do sistema na palma da mão através de celulares/smartphones.

Aliás ter acesso completo ao sistema de CFTV é também um dos principais objetivos do cliente. Então você que é técnico ou pretende ser está aí lendo e pensando:

" Eu já sei que os clientes queriam ver as câmeras pelo celular e já sei fazer isso"

Mas como aqui estamos falando de diferencial apenas permitir que o cliente veja as câmeras pelo celular não é um diferencial, como eu disse qualquer técnico da esquina faz isso vamos combinar né!

" Certo Ednilson, mas qual seria este diferencial então se tratando de configuração de sistemas de CFTV? "

Vamos lá, além é claro de você configurar o sistema de CFTV do cliente para que ele possa visualizar remotamente as câmeras de segurança pela internet de qualquer lugar do mundo e também pelo celular você pode configurar mais 3 coisinhas que fazem a diferença e tenho certeza que você que já realiza serviços de CFTV não faz isso para os seus clientes o que torna você um técnico comum.

1. **Notificações de alerta por e-mail.**
2. **Registro de logs de alterações no sistema.**
3. **Quantidade limitada de conexões.**

Agora vamos as vantagens de configurar essas 3 belezinhas acima.

Notificações de alerta por E-mail

Quando você configura esta opção que está presente na grande maioria dos sistemas de CFTV o cliente passa a receber notificações por e-mail.

Ex. A empresa funciona durante o dia e a noite não tem ninguém e o cliente que ser avisado por e-mail caso tenha movimentação em uma ou mais câmeras este recurso é ideal para a ocasião.

Não só é notificado como o sistema manda em anexo ao e-mail uma foto do que ocasionou o alerta, permitindo assim o cliente tomar a decisão que achar melhor em relação ao alerta ocorrido.

Registro de Logs do Sistema

Essa função quando habilitada permite um acompanhamento melhor, na verdade trata-se de uma auditoria do sistema onde tudo que ocorre com o sistema fica registrado e é enviado ao e-mail cadastrado.

Por exemplo fica registrado quem logou no sistema, se o HD do sistema está apresentando falhas, se está cheio e também se houve algum desligamento do sistema por alguém ou por falha do sistema.

Limitar conexões de acesso remoto

Este recurso é muito interessante quando habilitado, não sei se você sabia disso, mas quanto mais pessoas conectadas no sistema de CFTV mais lento fica o acesso as imagens e com isso ocorrem os famosos travamentos e "Delay's" no sistema.

Alguns sistemas de CFTV já vem configurado de fábrica a limitação de 10 usuários, ou seja, apenas 10 usuários conectados ao mesmo tempo podem visualizar as imagens pela rede local ou pela rede externa. Outros sistemas permitem apenas 5 usuários conectados e tem alguns que não trazem este recurso.

Habilitar este recurso garante que o sistema estará sempre On-line com a rede "livre" e diminuirá muito o tempo que o usuário vai acessar o sistema, em outras palavras ele abrirá mais rapidamente. É um recurso interessante e que vale muito a pena se habilitado.

Configuração de Modem/Roteadores

Configurar Modem e roteador para uma empresa ou uma residência é um serviço simples para quem atua no setor de CFTV tendo em vista que, quando o profissional realiza uma configuração de acesso remoto o mesmo precisa "mexer" no modem/roteador afim de permitir o acesso ao sistema pela rede local ou pela rede externa.

O Serviço de configuração de modem/roteador pode ser oferecido para clientes que você já instalou sistemas de cftv ou até mesmo para aqueles que não foi você quem executou a tarefa.

Você sabia que a grande maioria dos sistemas de CFTV espalhados pelo Brasil não estão com acesso remoto configurado?

Acredita-se que apenas 40% dos sistemas de CFTV estão preparados para acesso, os outros 60% ou estão sem acesso ou mal configurados.

Certo, mas como configurar modens e roteadores afim de monitora-los para quando estes apresentarem falhas ou problemas técnicos? Perceba que não estou me referindo ao sistema de CFTV e sim aos modens e roteadores que quando configurados corretamente é possível monitora-los e acessa-los remotamente afim de identificar falhas ou até mesmo problemas mais graves.
Todo modem ou roteador possui um recurso de gerenciamento remoto, que quando habilitado a função você tem controle total

a interface do modem/roteador de qualquer lugar do mundo desde que tenha internet.

Este é um recurso muito útil e pouco utilizado por profissionais que atuam na área de sistemas de CFTV.

Quando você configura para monitorar um modem/roteador você consegue benefícios como:

- Saber como está o consumo da rede do cliente.
- Saber se tem internet na empresa.
- Saber se tem internet no DVR.
- Saber se as configurações de acesso estão ok.

As vezes o cliente não está com acesso as imagens e ele por telefone não sabe explicar direito a você o que está acontecendo no local, mas se você tem configurado um acesso ao modem/roteador você consegue saber se há algo errado com o DVR como por exemplo um problema de comunicação de rede ou se o mesmo está ligado ou desligado.

Consegue também saber se as configurações de acesso foram alteradas ou simplesmente apagadas por interferência humana ou falha técnica.

É claro que você só deve ativar este recurso com autorização do cliente pois o cliente pode ter outros profissionais como os de TI por que já executam esta tarefa e você não deve alterar nada.

Caso o cliente já tenha alguém de TI (informática) que cuide da rede da empresa você pode solicitar ao cliente que lhe passe este acesso para que você também acompanhe

Isso facilitará para resolver problemas futuros em relação ao sistema de CFTV.

Este serviço não é uma obrigatoriedade do profissional ou empresa que trabalha com CFTV, trata-se de um diferencial que quando aplicado minimiza a abertura de O.S (ordem de serviço) e visitas técnicas que podem ser resolvidas entre 3 a 5 minutos com apenas alguns cliques.

O procedimento é simples de se fazer, existem diversos tutoriais na internet explicando como fazer isso, mas você pode contar com nossa equipe que lhe dá suporte gratuito e explica melhor como configurar este recurso se você desejar.

Basta entrar em contato conosco.

Monitoramento de sistemas de CFTV

Realizar o monitoramento de sistemas de CFTV é uma coisa, já realizar o monitoramento de imagens é outra coisa completamente diferente.

Vou explicar a diferença entre uma coisa e outra:

Monitoramento de Sistemas de CFTV
O monitoramento de sistemas de CFTV consiste basicamente em acompanhar diariamente o funcionamento do sistema, tanto a parte física quanto a parte lógica da coisa.

A parte Física – Deve se atentar na fonte de alimentação, no HD, fiação, câmeras e etc.

A parte lógica – Deve se atentar nas configurações, acessos internos e externos, portas de comunicação, acesso de usuários, envio de notificações e etc.

Monitorar o sistema de CFTV é uma tarefa que exige muita atenção, dedicação e conhecimentos técnicos que devem ser executados afim de identificar anormalidades nos campos mencionados acima. Monitorar estes sistemas não basta apenas identificar as anormalidades, ter providências a serem tomadas para cada situação é o próximo passo quando identificada uma ou mais anormalidades.
Não se faz necessário ter um Servidor de monitoramento robusto para executar este tipo de serviço, pois geralmente os softwares CMS que acompanham os sistemas de CFTV são "leves" e podem ser instalados em qualquer computador.

É claro que quanto melhor for o computador melhor será o desempenho e a agilidade que as tratativas serão tomadas.

Mas afinal, qual o benefício que este serviço traz ao cliente e principalmente a empresa que oferece este serviço?

É muito simples, com este serviço você garante:

- Que o sistema do cliente esteja sempre disponível para ele acessar quando quiser.
- Garante que as câmeras estejam sempre funcionando e quando forem danificadas você prontamente poderá conserta-las.
- Você saberá se o sistema do cliente está gravando as imagens como deveria para quando o cliente quiser, elas estarão disponíveis.
- Garante que o sistema fique livre de invasões e usuários não autorizados.

Agora monitoramento de imagens de CFTV é outra coisa como eu disse acima, trata-se de monitorar tudo que se passa em frente às câmeras de segurança de uma empresa/residência/condomínio.
É algo totalmente diferente e que geralmente é um serviço realizado por profissionais de segurança como operadores de monitoramento ou vigilantes.

Este tipo de serviço não monitora o funcionamento do sistema com detalhes como o monitoramento que me referi acima pois o conhecimento técnico de um operador de monitoramento que cuida de acompanhar as imagens é totalmente diferente do profissional de CFTV.

Portanto oferecer monitoramento de sistemas de CFTV é um diferencial que poucas empresas oferecem e como o profissional de CFTV faz a instalação e a configuração de acesso remoto, monitorar o sistema de CFTV é um serviço de baixo investimento que gera lucro.

Vale a pena, pois financeiramente para o cliente o valor é bem inferior do que um monitoramento de imagens.

Backup de Imagens de CFTV

O serviço de Backup de imagens de CFTV é fundamental para qualquer empresa do setor. Sistemas de CFTV apresentam falhas em seus HD's isso não é uma novidade para ninguém não é mesmo?

Que todo sistema de CFTV realiza gravações tanto local quanto remotamente isso todos nós sabemos, mas durante quanto tempo as imagens do sistema de CFTV ficam armazenadas? Para responder a esta pergunta alguns entendimentos são necessários, e isso vai depender de alguns fatores, vamos a eles:

- **A capacidade do HD** influência e muito, quanto mais espaço melhor.
- **O modo de compressão de vídeo** também é um fator relevante, de acordo com seu sistema escolha o mais econômico, mas priorize também a qualidade.
- **Modo de gravação de imagens**, estas podem ser contínuas ou por detecção de movimento que para este caso é o mais recomendado.
- **Seleção de câmeras específicas** ajudam a economizar espaço, ou utilizar **planos de gravação** conforme seu sistema permitir este recurso ou não.

Para saber quanto tempo suas imagens ficam armazenadas no HD do sistema, é necessário analisar num período de 30 dias conforme configuração do modo de gravação e itens mencionados acima.

Exemplo:

Seu DVR com 1 terabyte de HD e tem 16 câmeras instaladas neste DVR, e realiza gravação por detecção de movimento, estas estão configuradas para gravar no modo de compressão mais econômico onde as imagens não tem tanta qualidade assim, digamos que mediano. Destas 16 câmeras nem todas possuem movimentação 24horas por dia apenas 10.

Com certeza teremos em média de 30 a 45 dias de gravação no sistema, lembre-se que isto é apenas um exemplo, e que tudo pode variar conforme local, câmeras, modo de gravação e etc. O mais importante é fazer uma análise utilizando em cada processo, métodos diferentes.

Agora como exemplo também, se neste mesmo cenário alteramos o modo de gravação de detecção por movimento 24 horas por dia, para um plano de monitoramento de gravação continua, com certeza não teremos nem metade destes dias de gravação. Pois o sistema irá gravar mesmo sem movimentação na frente das câmeras.

A ideia é que você entenda como isso funciona para poder pensar num projeto de backup em nuvem para seu cliente, pois tais informações são extremamente necessárias na hora de fechar o serviço de armazenamento em nuvem.

Você pode oferecer o serviço de backup de imagens para seu cliente, na própria empresa dele, na sua empresa ou em nuvem.

É um serviço que agrega valor ao seu negócio, não exige um investimento muito alto para implantar e tem um retorno financeiro bacana.

O benefício deste serviço para o cliente é que se qualquer problema ocorrer com o CFTV, como falha do HD, roubo do Sistema de CFTV e até mesmo se o sistema for instalado sem HD as imagens estarão gravando em outro local permitindo assim entrega-las ao cliente caso ele deseje.

Realizar backup de imagens de um sistema de CFTV não é uma tarefa simples, porém ensinaremos você a realizar este procedimento com segurança e qualidade.

Alguns profissionais e empresas da área utilizam métodos automatizados para esta tarefa, o lado bom é que o processo todo é automático o lado ruim, é que dependemos 100% do uso de rede local e internet. Infelizmente no Brasil a qualidade de rede é muito ruim o que nos causa um transtorno terrível quando pensamos em realizar este procedimento.

Backup Via Rede – É um processo onde o Sistema de CFTV grava uma cópia exata do HD em um outro local da rede seja ela local ou externa.

Backup Manual – É um método antigo de realizar backup, porém, ainda muito eficiente pois a segurança e prevenção dos dados do HD do sistema não corre risco de ser prejudicada.

Backup em Real Time – Em tempo real através de software CMS geralmente o sistema grava em local determinado pelo Operador o que está acontecendo no momento em que o REC é pressionado.

Existem alguns mitos e verdades em relação a backup de imagens de sistema de DVR, no **CURSO ONLINE DE CONFIGURAÇÃO DE DVR** falamos bastante a respeito deste assunto, você pode perceber

que não é algo comum de empresas que realizam monitoramento de imagens em CFTV, realizarem o Backup de gravações. Por diversos motivos como: Espaço de armazenamento, link para download e upload, a quantidade de câmeras a serem armazenadas dentre outros.
Aí pensamos, mas e o **<u>Armazenamento em Nuvem</u>**? Backups de sistemas de CFTV é algo que exige um espaço considerável para armazenamento, alguns de nossos parceiros costumam utilizar HD de 1TB para cada sistema de DVR que instalam, imagine você essa empresa tem média de 2 mil DVR's instalados e monitorados, agora imagine se todos fossem realizar o armazenamento de imagens em nuvem onde você paga por espaço em disco utilizado.

O custo realmente fica pesado e é o que torna inviável.

Consultoria, Planejamento e Suporte Técnico.

Você que já trabalha ou pretende trabalhar com sistemas de CFTV provavelmente já oferece Consultoria, planejamento e suporte técnico aos seus clientes, certo?

Se oferece ótimo, veja como pode melhorar estes serviços ainda mais para ser referência na sua área de atuação.

Agora, se você ainda não oferece estes serviços você precisa oferecer! Acredite o que torna uma empresa ou um profissional diferente dos demais sem dúvida é a forma como estes 3 serviços (consultoria, planejamento, suporte técnico) são apresentados e executados.

Quanto vale um serviço se consultoria bem feito? Um serviço de consultoria feito por um especialista no assunto, que não tem interesse apenas em vender serviços ou produtos, mas sim em resolver problemas de clientes ou fornecer através de seus conhecimentos soluções que vão ajudar a melhorar a vida das pessoas que precisam de sistemas de CFTV.

Quanto vale um serviço de planejamento bem executado, com início, meio e fim de preferência com documentos, contratos e relatórios que o cliente pode acompanhar todo o processo?

Um planejamento bem elaborado após uma consultoria feita por um especialista no assunto traz benefícios incalculáveis tanto para o cliente quanto para a empresa ou profissional de CFTV.

Pois com um bom planejamento os serviços e produtos serão melhor adequados e sugeridos de acordo com a necessidade do cliente.

Um planejamento mal feito por outro lado traz prejuízos não só dos produtos, mas de algo mais valioso para a empresa ou profissional de CFTV.

O desgaste e a frustração ocasionada por um mal planejamento "queima" a venda e a imagem da empresa/profissional.

Você deixa de ser bem recomendado, vão falar mal do seus produtos e serviços e consequentemente os negócios não vão ir bem.

Planejamento deve ser feito com conhecimento, e com visão de futuro pensando sempre no que possa vir a surgir de necessidade no cliente, cabe a empresa/profissional enxergar necessidades futuras a fim de soluciona-las antes mesmo destas acontecerem naquele momento.

Quanto vale um bom serviço de suporte técnico? Quantas vezes você precisou ligar em uma empresa para pedir suporte técnico? Como foi a experiência?

Pois bem, costumo dizer aos meus alunos em nossos cursos que um bom suporte técnico acontece antes da venda de um serviço ou produto.

Isso mesmo! Antes da venda, quando vou comprar um produto em uma empresa (as vezes pela internet) geralmente quero saber se tal produto (caso eu não conheça) faz determinada coisa que preciso. Algumas empresas têm site, telefone e e-mail. Outras empresas não têm e-mail nem telefone apenas site.

Isso é complicado demais, mesmo quando se trata de fabricantes nacionais e conhecidos, um canal de comunicação de fácil acesso aos clientes e futuros clientes é fundamental em qualquer negócio.

Quantas vezes você comprou um produto no balcão e o vendedor foi atencioso? Claro que já teve sim essa vez ou até mesmo várias vezes. Mas quantas vezes o vendedor de um determinado produto foi atencioso, lhe convenceu a comprar aquele tal produto, mas quando você precisou tirar uma dúvida o vendedor sabia apenas vender pois do produto ele não entendia nada?

Ele não tem culpa, ele é vendedor!

Mas, um vendedor de produtos ou serviços com diferencial é especialista no produto, sabe como funciona, e tem que saber o que está vendendo e de preferência se tal produto ou serviço é ideal para solucionar o problema de um determinado cliente ou é um produto genérico.

Por exemplo este livro não é um produto genérico, não serve para qualquer profissional é destinado para profissionais e empresas que trabalham ou pretendem trabalhar com CFTV. Os assuntos abordados aqui foram elaborados por um especialista no assunto com ampla experiência em campo.

Qualquer assunto deste livro é de conhecimento do autor, e todos os leitores que precisarem esclarecer qualquer um dos assuntos ou derivados podem entrar em contato com o autor para solicita "suporte" se precisar.

Isso foi só um exemplo para mencionar o por que o suporte técnico é importante quando bem feito, torna-se um diferencial que de todos os diferenciais apresentados neste livro é o que mais agrada, e o que mais agrega valor nos negócios dos profissionais e empresas de CFTV.

Você compra um produto em uma loja e quando precisa de um suporte técnico não tem, não sabem ou simplesmente não dão a devida atenção ao seu problema.

Tenho certeza se uma empresa que vende um produto igual e que tenha um suporte eficiente para o seu problema com certeza ganha você como cliente!
Ninguém gosta de ser mal atendido, isso é fato!

Vou contar um segredo, a maioria dos nossos alunos os clientes são fiéis graças ao suporte que prestamos para quem é cliente e não cliente.
Não tem diferença, sabemos que o que os mantem comprando nossos serviços ou produtos é a garantia de que quando precisarem de nós terão o suporte adequado.

Os serviços que oferecemos são parecidíssimos com muitos em todo Brasil, o que diferencia é a forma como lidamos com os clientes, e também com quem ainda não é cliente.

Se você já fez qualquer um dos nossos cursos, ou já precisou do nosso suporte técnico alguma vez, sabe exatamente o que estou dizendo.

Nunca precisou? Faça um teste, ligue para nós quando quiser e sinta a sensação de ser bem atendido mesmo sem ser um cliente.

Apesar que, se você está lendo este livro é por que você é um cliente ou está prestes a ser disso eu tenho certeza.

Links para seu sucesso profissional

Cursos On-Line – www.configuracaodedvr.com.br

Site, marketing, divulgação - www.geracaodesigner.com.br

Vídeo aulas grátis – www.youtube.com/delegadoregional

Facebook - https://www.facebook.com/configuracaodedvr

Twitter - https://twitter.com/dvrconfig

Encerramento

Espero que o conteúdo apresentado neste simples livro o ajude a criar diferenciais para o seu negócio, na verdade o que eu quis fazer aqui é abrir um leque de ideias e mostrar alguns caminhos que vão ajudar você a agregar mais valor à sua empresa ou sua carreira. Quando falo em valor não me refiro a dinheiro, certos valores são incalculáveis.

Quanto vale um cliente satisfeito?
Isso mesmo, não tem preço!

Espero que você tenha gostado, espero que este o ajude e abra caminhos para o sucesso.

Este livro é dedicado a todos os nossos alunos, parceiros e incentivadores.

Ednilson Pedro
Especialista em Soluções e Desenvolvimento em Tecnologia
DVR-CONFIG | Treinamentos em CFTV
(11) 34239262 - 949263156
www.configuracaodedvr.com.br